Marion Neuhauß

Du und ich –

Gedichte über
Verbundenheit und Glück

Marion Neuhauß

Du und ich –

Gedichte über Verbundenheit und Glück

Im Verlag Books on Demand sind ebenfalls erschienen:

Marion Neuhauß
Du und ich –
Gedichte über Freundschaft und Liebe
ISBN-13: 978-3-8370-0307-9

Du und ich –
Gedichte mitten aus dem Leben
ISBN-13: 978-3-8370-6370-7

Bibliografische Informationen Der Deutschen Bibliothek:
Die Deutsche Bibliothek verzeichnet diese Publikation in der Deutschen
Nationalbibliografie; detaillierte bibliografische Daten sind im Internet über
http://dnb.ddb.de abrufbar.

2. Auflage
© 2009 Marion Neuhauß
Herstellung und Verlag: Books on Demand GmbH, Norderstedt
Fotos: Marion Neuhauß

ISBN-13: 978-3-8391-2318-8

Verbundenheit

empfinden, die Glücksgefühle, die uns dadurch geschenkt werden.
Nähe spüren, jemanden wirklich kennen. Seite an Seite durchs
Leben gehen, die Gedanken teilen, verstanden werden. Sich so
geben zu können, wie man ist, wie man sein möchte.

Ein gemeinsamer Weg besteht jedoch nicht immer aus Einigkeit,
zu viele Einflüsse spielen eine Rolle. Wir müssen gut aufpassen
auf unser Glück und es stets bewahren. Dürfen die Menschen
nicht als selbstverständlich hinnehmen, die uns gut tun und uns
begleiten. Müssen verzeihen können und dürfen auch in
schwierigen Situationen nicht sprachlos werden, um unseren
„Begleitschutz" nicht zu verlieren.

Mein Dank

gilt allen, die mich auf meinem Lebensweg begleiten, die die guten
Zeiten gemeinsam mit mir genießen und mich in schwierigen
Momenten stärken und mir Halt geben. Ich kann mir nichts
Schöneres vorstellen!

Weitere Infos gibt es unter: www.marion-neuhauss.de

An Deiner Seite

An Deiner Seite.
Hier bin ich
und hier bleibe ich.
Gehe nie wieder fort.
Hier hat meine Seele
ihren schützenden Hafen gefunden,
ist nur zu gerne vor Anker gegangen.
Der Platz an Deiner Seite
fühlt sich genau richtig an.
Wie für mich gemacht.

Beflügelt

Deine Liebe
ist der Motor meines Lebens.
Treibt mich an,
bringt mich weiter,
lässt mich vieles erreichen.
Gibt mir Mut,
beflügelt mich,
verleiht mir neue Kraft.
Deine Liebe
ist ein wundervoller Teil von Dir.
Und glücklicherweise
auch mein ständiger Begleiter.

Magisch angezogen

Ich denke nach,
versuche meine Gedanken zu sortieren,
doch sie lassen sich nicht einfangen.
Schweifen immer wieder ab,
gehen eigene Wege,
konzentrieren sich auf Dich,
werden magisch von Dir angezogen.
Ob ich es will oder nicht,
Du bist mein Gedankenmagnet.

Stille

Je stiller Du wirst,
umso lauter hallt es in meinen Ohren.
Es ist kein entspanntes Schweigen,
zu sehr spüre ich
Deine Unruhe,
diese tiefe Unzufriedenheit,
die Emotionen, die in Dir brodeln,
bereit zum Überkochen.
Sprich mit mir,
denn ohne Deine Fragen
kann ich keine Antworten finden.
Wie soll ich Dir helfen,
wie Auswege benennen,
wenn ich die Schatten nicht kenne,
vor denen Du Dich fürchtest?

Ohne Ende

Dich zu beglücken,
Dir eine Freude zu bereiten,
dafür zu sorgen,
dass es Dir gut geht.
Führt dazu,
dass ich ebenfalls glücklich bin,
dass es auch mir gut geht.
Ist doch ganz einfach.
Perpetuum mobile.
Immer wieder.
Ohne Ende.

Mit Dir

Mit Dir
kann ich träumen,
kann ich spinnen.
Mit Dir
kann ich Berge versetzen
und Wunder vollbringen.
Mit Dir
bin ich glücklich,
fühle ich mich geborgen.
Mit Dir.

Wie sonst?

Irgendwann im Leben
mussten wir uns einfach treffen.
Es hätte gar nicht
anders kommen dürfen.
Denn wie könnte ich mein Leben
genauso ausgefüllt und zufrieden führen
ohne Dein Zutun?
Deinen Einfluss?
Ohne Deine Persönlichkeit
und Deine Nähe?
Womit
hätte ich das Loch in meiner Seele stopfen sollen?
Und wodurch
mein Herz so erwärmen?

Wieder im Gleichgewicht

Ich habe Dich gebraucht.
Hatte mich verloren,
ganz tief in mir drin.
Du hast es
gefühlt,
erahnt,
warst für mich da.
Hast mich beruhigt,
mir wieder Mut gegeben.
Die Leere aus mir vertrieben
und die Furcht gleich mit.
Hast mich wieder ins Gleichgewicht gebracht.
Und mir erneut bestätigt,
welch besondere Verbindung zwischen uns besteht.

Zusammenhalt

Zusammenhalt zu verspüren,
sich aufeinander verlassen können.
Zu wissen,
wir sind füreinander da,
was immer auch geschieht.
Wir verstehen uns
auch in sprachlosen Momenten.
Halten zueinander,
egal, in welchen Schwierigkeiten wir stecken.
Meistern unseren Lebensweg gemeinsam
und schrecken vor nichts zurück.
Weil es Seite an Seite
nur halb so schlimm ist.
Aber vor allem
doppelt so schön!

Glückliche Momente

Ich möchte sie Dir schenken,
aus ganzem Herzen,
so oft es geht:
Glückliche Momente,
erfüllt mit Lachen,
voller Fröhlichkeit.
In denen Du
Dich wohlfühlst,
Dich fallen lassen kannst,
einfach Du selbst sein darfst.
In denen Du
an nichts anderes denkst
als daran,
wie schön dieser Augenblick ist.

Frage und Antwort

Standardfrage:
„Wie geht's?"
Standardantwort:
„Gut."

Aber unsere Freundschaft
gleicht keinem Standard,
ist etwas Außergewöhnliches.
Meine Frage lautet:
„Wie geht es **Dir**?"
und ich erwarte eine ehrliche Antwort,
lasse mich nicht mit Floskeln abspeisen.
Dafür
bist Du mir viel zu wichtig.

Mit-Gefühl

Deine Gefühle
bewegen mein Herz.
So wie Dein Glück es erwärmt,
lässt Dein Schmerz es erbeben.
Dein Zorn bringt es zum Pulsieren
und Deine Angst zieht es zusammen.
Mein Herz
freut sich mit Dir
und leidet mit Dir.
Und ich verstehe,
woher das Wort ‚Mitgefühl' kommt.

Licht am Ende des Tunnels

Unruhige Zeiten
fordern ihren Tribut.
Sorgen reihen sich aneinander
wie Perlen auf einer Kette,
gönnen Dir keine Pause,
keine Gelegenheit zum Verschnaufen.
Das Licht am Ende des Tunnels
scheint Dir so klein,
so unendlich weit weg.
Doch es ist da,
gib nicht auf.
Lass es nicht verlöschen,
nur weil Du
nicht mehr daran glaubst.

Befreie Dich

Ich spüre es ganz deutlich,
das Bermuda-Dreieck Deiner Gefühle.
Du lässt sie nicht raus,
willst sie verbergen.
Vor allen anderen
und auch vor Dir selber.
Suchst Dir eine Ecke in Deinem Herzen,
in denen Du sie versenkst.
Ganz tief,
unauffindbar.
Am liebsten auch nicht mehr spürbar.
Doch es ist eine Illusion.
Sie leben weiter in Dir,
wühlen Dein Herz auf,
lassen es schwer werden unter ihrer Last.
Befreie Dich davon,
gib Dir eine Chance,
ohne sie zu leben.
Lass sie raus,
benenne sie,
stelle Dich ihnen.
Und dann
jag sie zum Teufel.

Nicht aufzuhalten

Ich habe es provoziert,
habe es gerufen
wie der Zauberlehrling den Besen:
Dein Lächeln.
Und es kommt,
ich kann es bereits erahnen.
Es bahnt sich seinen Weg
durch Deine Grübeleien
und Deine schlechte Laune.
Kämpft sich frei
von allen schwermütigen Gedanken.
Erscheint auf Deinem Gesicht,
zuerst noch zögerlich,
fast unsicher,
so selten wird es momentan gerufen,
so wenig gebraucht.
Doch davon
lässt sich Dein Lächeln nicht aufhalten,
es ist eine kleine Kämpfernatur.
Es lässt sich nieder,
breitet sich aus,
hat sein Ziel erreicht.
Was für ein herzerwärmender Anblick.

Gunst der Stunde

Dich kennenzulernen
war die Gunst der Stunde.
Deine Zuneigung zu erlangen
war mein Sechser im Lotto.
Dich über die Jahre eng an meiner Seite zu wissen
ist ein unermessliches Glück.
Darauf nie wieder verzichten zu müssen
ist mein allergrößter Wunsch.

Niemand sonst

Schenke mir einen Augenblick
Deine Aufmerksamkeit.
Gewähre mir Zuflucht
und sei mein Rückhalt.
Selten habe ich Dich
mehr gebraucht als jetzt,
fühlte ich mich so müde und leer.
Darum gib mir etwas von Deiner Kraft,
hilf mir auf dem Weg,
der vor mir liegt.
Denn ich weiß,
was Du für mich bewirken kannst.
Du kannst mich bestärken
und mir Mut geben
wie niemand sonst.

Unbeeindruckt

Ich stehe neben mir,
bin nicht bei der Sache.
Fühle mich genervt
und weiß nicht einmal, warum.
Merke, dass ich unausgeglichen bin
und kann doch nichts dagegen tun.
Gebe Dir Antworten,
bei denen ich mir sofort auf die Zunge beißen könnte,
weil Du sie nicht verdienst.
Doch Du bleibst ganz gelassen,
lässt meine Gereiztheit unbeeindruckt abperlen.
Tust so,
als würdest Du nichts bemerken.
Bietest mir damit liebevoll
einen Ausweg aus meinem Gefühls-Tief.
Ermöglichst mir einen Rückzug
ohne seelische Schrammen.

Mein Schutzengel

Du fängst mich auf,
wenn mich das Leben
aus der Bahn zu werfen droht.
Bist für mich da,
unaufdringlich,
doch stets mit größter Aufmerksamkeit.
Reichst mir Deine Hand
immer im richtigen Moment,
nicht zu früh,
niemals zu spät.
Gibst mir genau die Unterstützung,
die ich brauche,
die mir gut tut,
die ich anzunehmen in der Lage bin.
Gibst mir
unumstößlichen Halt und
vollkommene Sicherheit.
Und bist damit
mein ganz persönlicher Schutzengel.

Dein letzter Weg

Mein Verstand weiß,
es ist soweit.
Doch mein Herz
begehrt auf,
will Dich nicht gehen lassen
auf Deinen letzten Weg.
Das Endgültige zu akzeptieren
fällt so unendlich schwer.
Übersteigt meine Kräfte.
Und ist doch die einzige Möglichkeit,
damit Du Deinen Frieden finden kannst.

Umsorgt

Das Mitgefühl in Deiner Stimme
umschmeichelt meine wunde Seele.
Die Ereignisse der letzten Tage
waren grob zu ihr,
haben sie rau und rissig werden lassen.
Du spürst das,
nimmst mir die Schmerzen
und die Sorgen,
glättest die Wogen tief in mir.
Hörst mir zu.
Fühlst, wie sehr ich Dich brauche.
Und bist für mich da.

Gleiche Wellenlänge

Du kennst meine Gedanken,
als hätte ich sie laut ausgesprochen.
Als ob es gar keinen Zweifel geben kann.
Schaffst das manchmal sogar,
bevor ich selber
den Gedanken überhaupt zu Ende gebracht habe.
Innige Verbindung,
gleiche Wellenlänge,
völliges Verständnis.
Und ehrlich gesagt
außerordentlich verblüffend.

Kostbar

Ein Funkeln in Deinen Augen.
Ein immer breiter werdendes Lächeln.
Ein herzliches Lachen.
Kostbare Geschenke,
ganz kostenlos.
Von Dir für mich.

Sehnsucht

Sehnsucht -
ein denkwürdiges Wort.
Sehnen
kann ich mich nach vielem,
nach bestimmten Gemütszuständen,
nach ganz besonderen Menschen,
an spezielle Orte.
Unterschiedlich stark,
je nachdem, wie mir gerade zumute ist.
Sucht -
hier kommst Du ins Spiel.
Wen sollte ich sonst so vermissen?
Wen so herbei wünschen?
Sehnsucht.
Welch bedeutungsschweres Wort.
Dir angemessen.

Mein Ein und Alles

Du bist mein Ein und Alles.
Bist mein Sonnenschein
und meine Schäfchenwolke.
Meine Energie
und mein ruhiges Plätzchen.
Mein Glück und
meine Stärke.
Bist einfach
das A und O
im Alphabet meines Lebens.

Beistand

Das dringende Bedürfnis,
Dich in Sicherheit zu wissen.
Dich beschützen zu wollen,
obwohl Du doch aus diesem Alter längst raus bist.
Dich auf all Deinen Wegen
gedanklich zu begleiten
und zu versuchen, Dir beizustehen.
Das wird wohl nie enden,
ist Teil unseres Lebens.
Drückt einfach nur
meine Zuneigung für Dich aus
und meine Liebe.

Wie ein Halm im Wind

Es hat Dich kalt erwischt.
Unvorbereitet.
Du fühltest Dich ungeschützt
wie ein Halm im Wind.
Umgebogen
unter dem Ansturm der Gefühle,
hilflos
gegen diese Übermacht.
Du hast Dich wieder aufgerichtet.
Deine Kräfte gesammelt.
Weißt nun,
was Du aushältst.
Und was es auszuhalten gilt.
Kannst dem nächsten Sturm entgegen schauen.
Gewappnet.
Besonnen.
Und ohne Furcht.

Momente der Schwäche

Ich weiß,
Du bist stark,
mutig,
unerschrocken.
Stets auf geradem Kurs unterwegs.
Und Du weißt,
dass ich das weiß.
Suche also nicht nach Erklärungen,
erst recht nicht nach Ausflüchten,
nur weil es momentan anders ist.
Jede Regel
hat ihre Ausnahme,
jeder Mensch
hat das Recht auf Schwäche.
Auch Du.
Akzeptiere es,
lass Dir helfen.
Ich gebe Dir Halt
und es geht vorbei.
Ganz sicher.

Heftig

Deine Verzweiflung
bohrt sich in mein Herz.
Schmerzt schier unerträglich,
raubt mir den Atem,
vertreibt jedes vernünftige Wort aus meinem Kopf.
Nur Fühlen geht noch,
heftig und ungebremst.
Wie ein wütender Bienenschwarm
toben die Emotionen durch mich hindurch.
Zorn
über das, was Dir widerfährt.
Mitgefühl,
weil Du so leiden musst.
Und Sorge,
wie Du es bewältigen kannst.
Sie wechseln sich ab
in einem unendlichen Staffellauf,
geben keine Ruhe.
Sie wissen,
ich wollte Dich beschützen.
Und sie machen mir klar,
ich habe es nicht geschafft.

Schwindendes Vertrauen

Mein Vertrauen in Dich
schwindet mit jedem Wort von Dir.
Mit jeder Lüge,
die Du für überzeugend hältst,
mit jeder fadenscheinigen Ausrede,
die Du mir zumutest.
Mein Vertrauen
wird von Dir mit Füßen getreten,
ohne Grund,
ohne Not.
Also wundere Dich nicht,
wenn Du bald ohne auskommen musst.

Engelchen und Teufelchen

Die Enttäuschung über Dich
nagt an mir.
Flüstert mir
wie ein kleines Teufelchen Dinge ins Ohr,
die ich nicht hören möchte.
Die so nicht sein können.
Das Engelchen der Vernunft hingegen
findet Erklärungen,
rückt alles wieder gerade,
verteidigt Deine Position.
Relativiert die Erwartungen,
appelliert an meine Geduld.
Dein kleiner Anwalt in mir
leistet wirklich gute Arbeit.
Verhindert eine Verurteilung,
erkämpft einen Aufschub für Dich,
um seine Überzeugung zu bestätigen
und alle Zweifel zu zerstreuen.
Das Teufelchen
macht sich beschämt vom Acker.
Es hat hier nichts zu suchen,
so viel ist ihm klar geworden.
Und mir ebenfalls.

In guter Gesellschaft

Ich bin
in guter Gesellschaft.
Und in großer Runde.
Du bist da.
Und Dein Humor.
Deine Wärme.
Dein Lächeln.
Deine Zuversicht.
Deine Liebe.
Und ich.
Mittendrin
in dieser illustren Gesellschaft.
Selten habe ich mich
so wohl gefühlt.

Erleuchtet

Dein Blick
versinkt in meinen Augen.
Geht tiefer
als alle anderen.
Ist so intensiv,
dass ich mich
von innen erleuchtet fühle.
Erwärmt.
Auserwählt.
Dir ganz nah.

Wo bist Du?

Warum fällt mir das jetzt ein?
Wieso habe ich Dich plötzlich
vor meinem inneren Auge?
Ohne irgendeinen Zusammenhang,
ohne konkreten Anlass.
Einfach so,
als ob mein Unterbewusstsein
nicht länger ohne Dich auskommt.
Wo also bist Du,
wann kommst Du?
Wurde mir doch gerade bewusst,
wie sehr ich Dich vermisse.

Großes Glück

Glück
fühlen,
erleben,
genießen.
Durch Dich,
bei Dir,
mit Dir.
Weil es mit jedem Moment,
den wir teilen,
immer größer wird,
in mir wächst,
mich erfüllt.
Was wäre nur ohne Dich?